DIMITRI JELEZKY

FASHION DESIGNER´S SKETCHBOOK

WOMEN FIGURES

BAND 1

Jelezky Publishing, Hamburg 2017

Jelezky Publishing UG, Hamburg
www.jelezky-publishing.com

1. Auflage
Deutsche Erstausgabe, August 2017
© 2017 der deutschsprachigen Ausgabe
Jelezky Publishing UG, Hamburg
Dimitri Eletski (Herausgeber)

Bildernachweis
Sämtliche Illustrationen in diesem Buch stam-
men von Dimitri Jelezky

Layout, Cover-Gestaltung ©dimitridesign.org

Weitere Informationen zu den Inhalten:

www.dimitridesign.org
info@dimitridesign.org

ISBN 978-3-945549-38-4

INHALTSVERZEICHNIS

VORWORT

Fashion Designer´s Sketchbook – women figures ist eine Arbeitsunterlage und Nachschlagwerk mit weiblichen Figurinen - Vorlagen für Modeschaffende und Modeinteressierte zum täglichen Gebrauch und während des Studiums.
Dieses Buch enthält stilisierte Mode-Figurinen und dient als Hilfe zur Erstellung von professionellen, individuellen und trendigen Modezeichnungen.

Dieses Werk wurde konzipiert für den Einsatz im Berufslebens eines Modedesigners/-in, sowie für den Einsatz an Hochschulen und entsprechenden Berufsfachschulen für Modedesign.

Das Buch ist kein Lehrmittel für Modezeichnungen, sondern ein unentbehrliches Nachschlagwerk für Modedesigner/-innen mit dem Ziel der Erarbeitung von qualitativen, trendigen und professionellen Modeskizzen und Modeillustrationen. Denn ein Modedesigner/ Modedesignerin ist in erster Linie „Schöpfer von Ideen". Die einfachste Form, seine Ideen anderen Menschen zu vermitteln, wird mit Hilfe einer Modezeichnung realisiert. Je schneller und professioneller Sie Ihre Ideen auf Papier darstellen können, desto effektvoller und überzeugender wirken Ihre Modeentwürfe. Eine schöne, stilvolle Modezeichnung hinterlässt immer einen guten Eindruck beim Betrachter.

Dieses Werk enthält eine Vielzahl von Figurinen, die den unterschiedlichsten Zielgruppen gerecht werden. Jede Seite in diesem Buch können Sie direkt als Arbeitsunterlage beim Entwerfen der Damenbekleidung einsetzten (siehe Beispiele dazu auf den Seiten 10-11).

PROPORTIONSREGELN

Figurinen werden für die Darstellung von Bekleidungsentwürfen gebraucht, dabei wird der menschliche Körper vereinfacht dargestellt, um die Wirkung des jeweiligen Kleidungstücks durch eine Modeskizze deutlich und präzise, entsprechend dem jeweiligen Modetrend, zu übermitteln. Dabei wird der Körper oft auf die zweidimensionale Darstellung reduziert, um die Figur länger wirken zu lassen.

Dieses Buch enthält die 9 ½ Kopf - Figurenproportionen, dabei wird die Kopflänge als Maßstab verwendet. Die 9 ½ Kopf - Figurenproportionen eignen sich ideal für stilisierte Modeskizzen für verschiedene Zielgruppen. Dabei sollten Sie beachten, dass diese Angaben von Illustration zu Illustration variieren können. Deshalb können Sie natürlich auch die klassische 8 ½ Kopf - Figurenproportionen, oder 10 ½ Kopf- Figurenproportionen verwenden.

WEITERE EMPFOHLENE LITERATUR

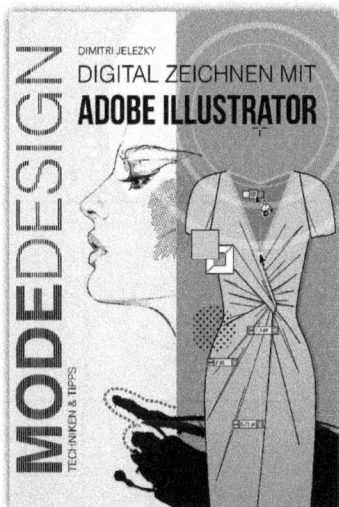

ISBN: 978-3-945549-12-4
PREIS: 24,90 EUR

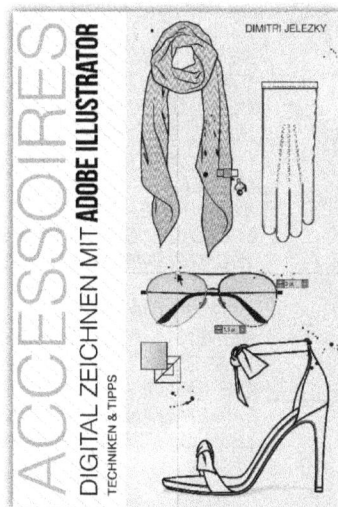

ISBN: 978-3-945549-39-1
PREIS: 29,90 EUR

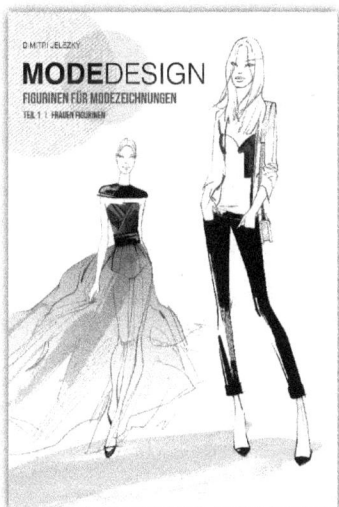

ISBN: 978-3-943110-88-3
PREIS: 24,90 EUR

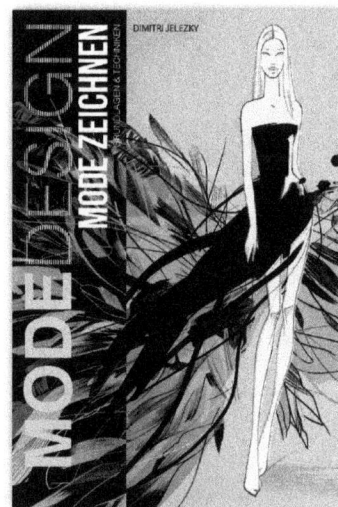

ISBN: 978-3-945549-27-8
PREIS: 29,90 EUR

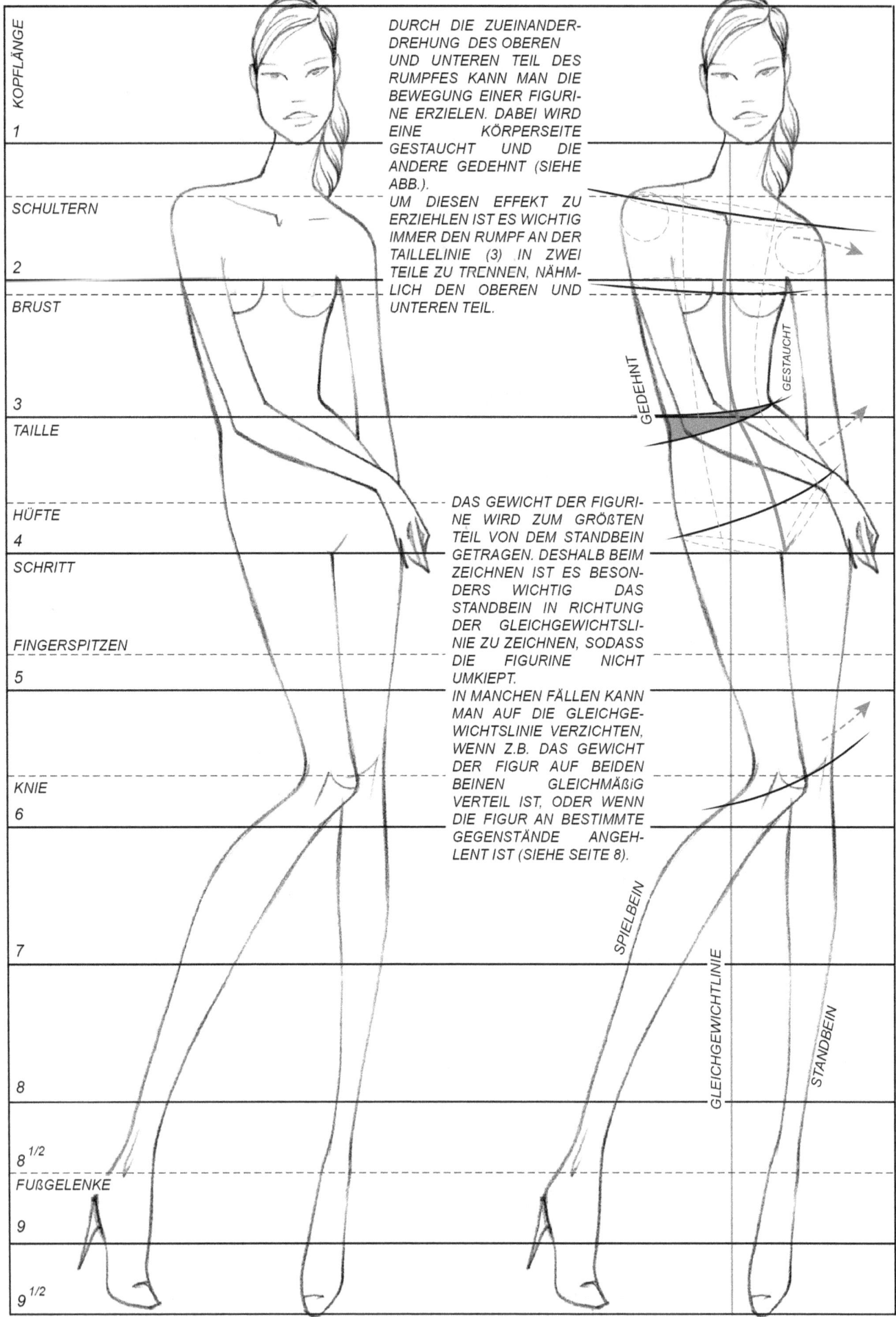

KOPFLÄNGE

1

SCHULTERN

2

BRUST

3

TAILLE

HÜFTE

4

SCHRITT

FINGERSPITZEN

5

KNIE

6

7

8

8 ^1/2

FUßGELENKE

9

9 ^1/2

DURCH DIE ZUEINANDER-DREHUNG DES OBEREN UND UNTEREN TEIL DES RUMPFES KANN MAN DIE BEWEGUNG EINER FIGURI-NE ERZIELEN. DABEI WIRD EINE KÖRPERSEITE GESTAUCHT UND DIE ANDERE GEDEHNT (SIEHE ABB.).

UM DIESEN EFFEKT ZU ERZIEHLEN IST ES WICHTIG IMMER DEN RUMPF AN DER TAILLELINIE (3) IN ZWEI TEILE ZU TRENNEN, NÄHM-LICH DEN OBEREN UND UNTEREN TEIL.

GEDEHNT

GESTAUCHT

DAS GEWICHT DER FIGURI-NE WIRD ZUM GRÖßTEN TEIL VON DEM STANDBEIN GETRAGEN. DESHALB BEIM ZEICHNEN IST ES BESON-DERS WICHTIG DAS STANDBEIN IN RICHTUNG DER GLEICHGEWICHTSLI-NIE ZU ZEICHNEN, SODASS DIE FIGURINE NICHT UMKIEPT.

IN MANCHEN FÄLLEN KANN MAN AUF DIE GLEICHGE-WICHTSLINIE VERZICHTEN, WENN Z.B. DAS GEWICHT DER FIGUR AUF BEIDEN BEINEN GLEICHMÄßIG VERTEIL IST, ODER WENN DIE FIGUR AN BESTIMMTE GEGENSTÄNDE ANGEH-LENT IST (SIEHE SEITE 8).

SPIELBEIN

GLEICHGEWICHTLINIE

STANDBEIN

1

2

3

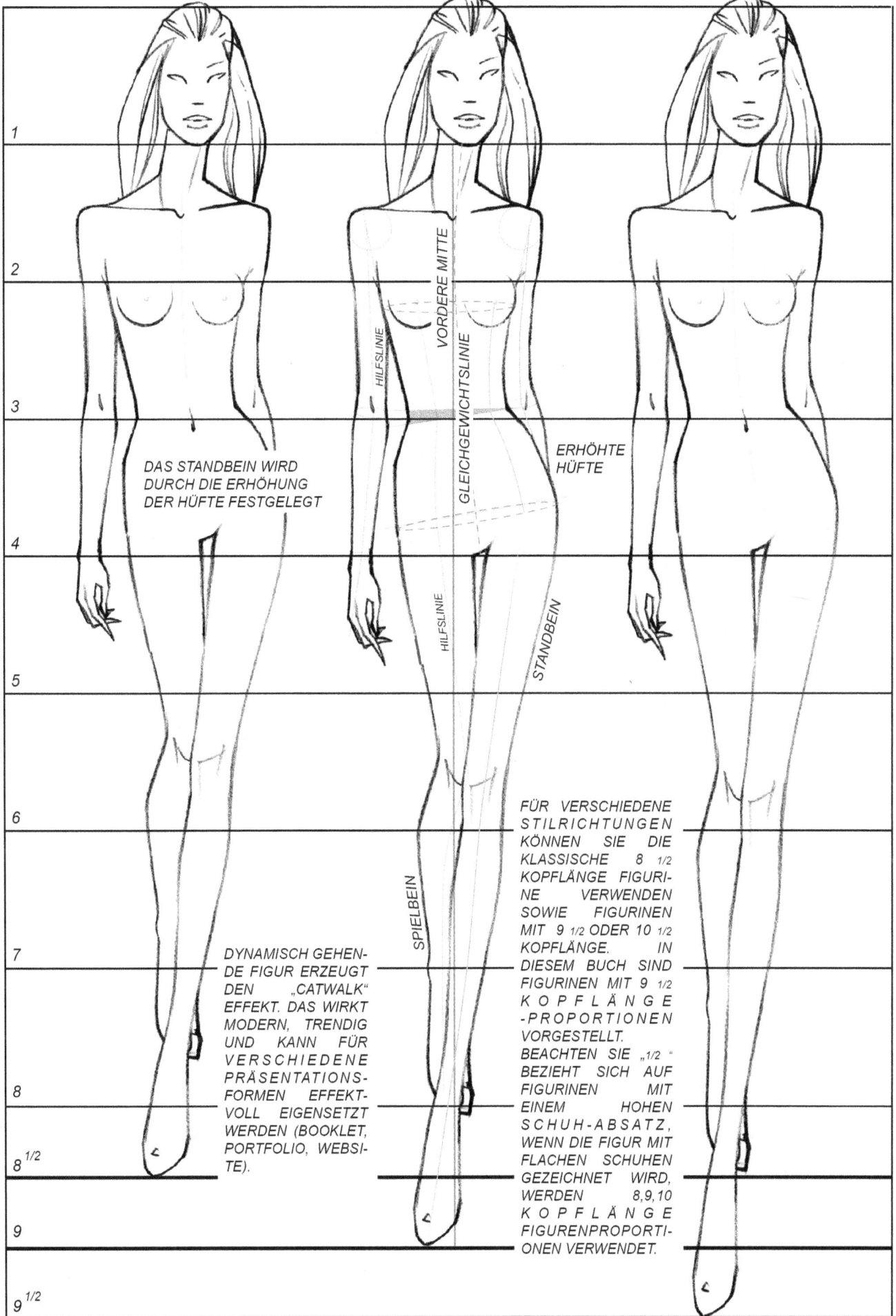

DAS STANDBEIN WIRD
DURCH DIE ERHÖHUNG
DER HÜFTE FESTGELEGT

HILFSLINIE

VORDERE MITTE

GLEICHGEWICHTSLINIE

ERHÖHTE
HÜFTE

4

HILFSLINIE

STANDBEIN

5

6

SPIELBEIN

FÜR VERSCHIEDENE
STILRICHTUNGEN
KÖNNEN SIE DIE
KLASSISCHE 8 1/2
KOPFLÄNGE FIGURI-
NE VERWENDEN
SOWIE FIGURINEN
MIT 9 1/2 ODER 10 1/2
KOPFLÄNGE. IN

7

DYNAMISCH GEHEN-
DE FIGUR ERZEUGT
DEN „CATWALK"
EFFEKT. DAS WIRKT
MODERN, TRENDIG
UND KANN FÜR
VERSCHIEDENE
PRÄSENTATIONS-
FORMEN EFFEKT-
VOLL EIGENSETZT
WERDEN (BOOKLET,
PORTFOLIO, WEBSI-
TE).

DIESEM BUCH SIND
FIGURINEN MIT 9 1/2
K O P F L Ä N G E
- P R O P O R T I O N E N
VORGESTELLT.
BEACHTEN SIE „1/2 "
BEZIEHT SICH AUF
FIGURINEN MIT
EINEM HOHEN
S C H U H - A B S A T Z,
WENN DIE FIGUR MIT
FLACHEN SCHUHEN
GEZEICHNET WIRD,
WERDEN 8,9,10
K O P F L Ä N G E
FIGURENPROPORTI-
ONEN VERWENDET.

8

8 1/2

9

9 1/2

DURCH BEWEGTE KÖRPER-
TEILE ENSTEHEN BEWE-
GUNGSFALTEN. DER FALL
DES STOFFES WIRD DURCH
PLASTISCHE DARSTEL-
LUNG DER FALTEN
HERVORGEHOBEN. BEIM
ZEICHNEN DER KLEIDUNG
SOLLTE IMMER AUF DIE
STOFFDICKE SOWIE DEN
SCHNITTVERLAUF GEACH-
TET WERDEN, DENN BEIDE
HABEN EINEN DIREKTEN
EINFLÜSS AUF DEN
FALTENVERLAUF.
ES WIRD ZWISCHEN „STAU-
FALTEN" UND „SPANNUNGS-
FALTEN" UNTERSHIEDEN.
GRUNDSÄTZLICH GILT: JE
DICKER DER STOFF IST,
DESTO WENIGER FALTEN
SOLLTEN GEZEICHNET
WERDEN.

KRÄUSELFALTEN

STAUFALTEN

SPIELBEIN

STANDBEIN

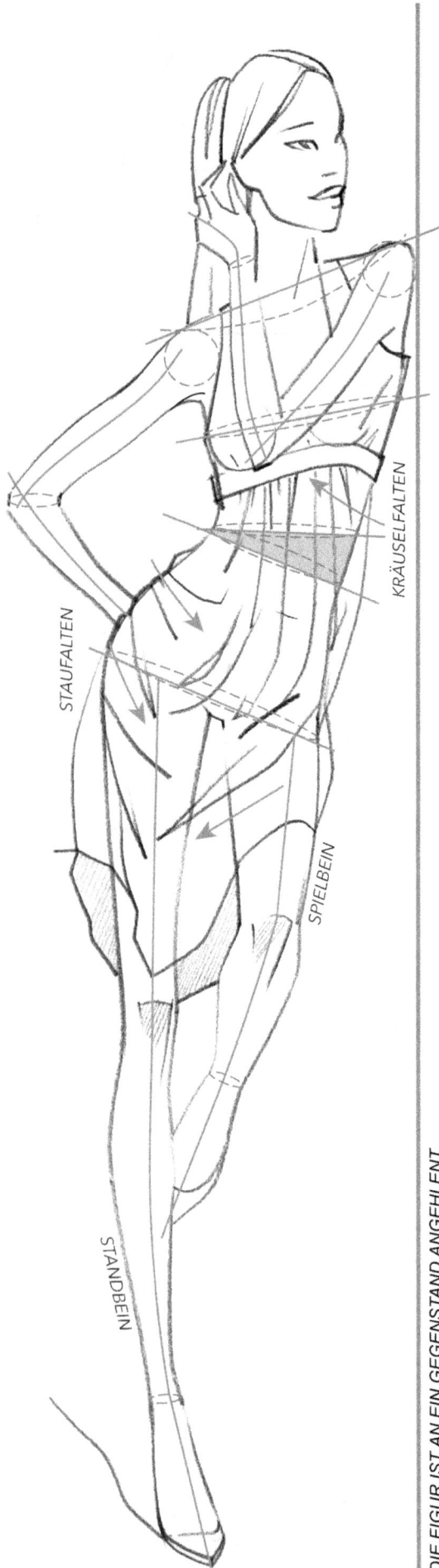

DIE FIGUR IST AN EIN GEGENSTAND ANGEHLENT

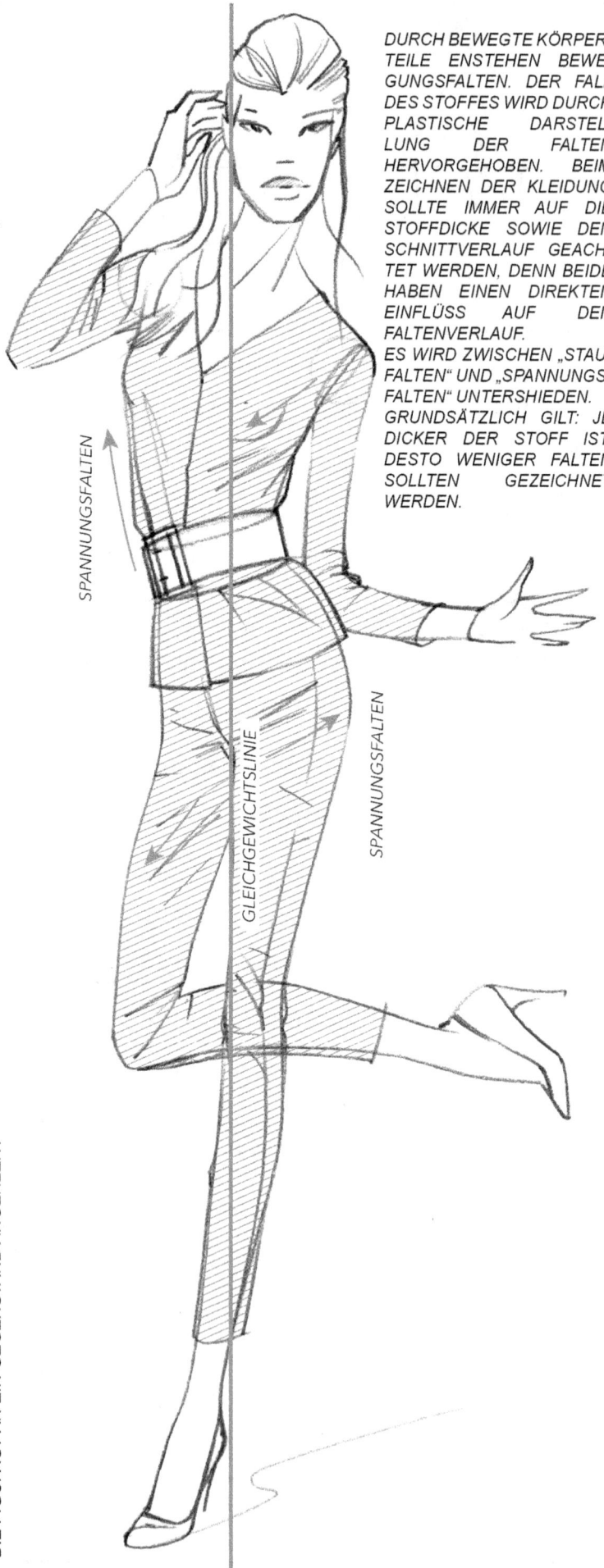

SPANNUNGSFALTEN

GLEICHGEWICHTSLINIE

SPANNUNGSFALTEN

ANLEITUNG

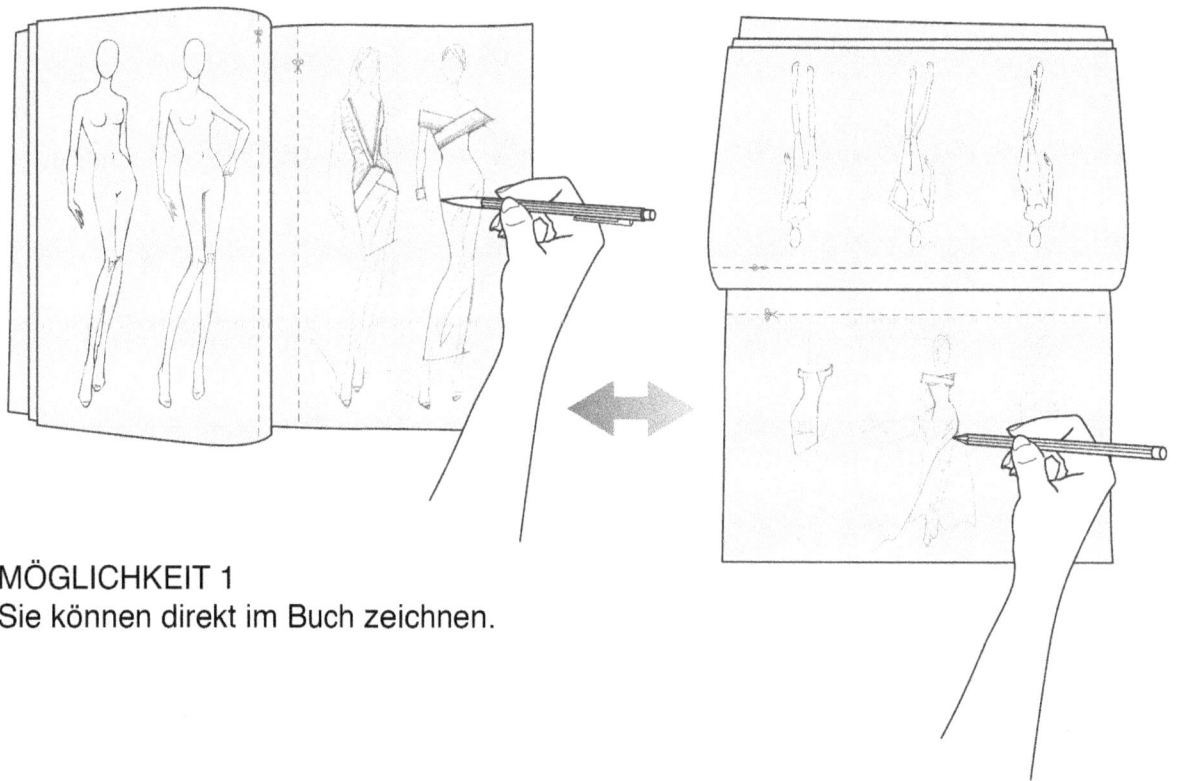

MÖGLICHKEIT 1
Sie können direkt im Buch zeichnen.

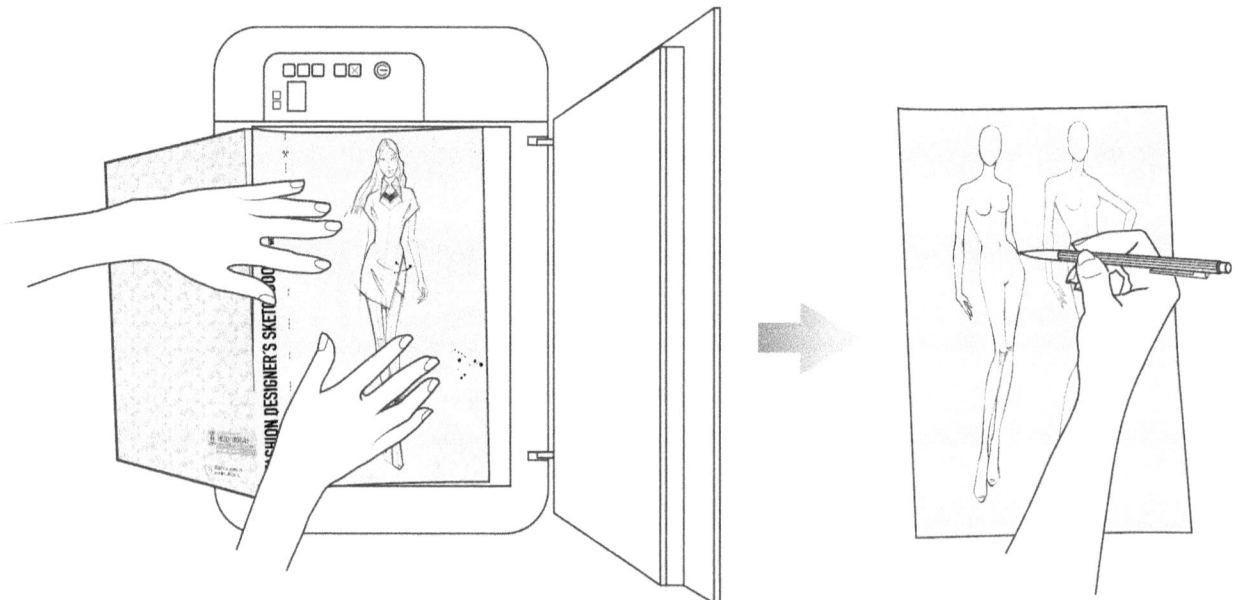

MÖGLICHKEIT 2
Sie können von einzelnen Seiten Kopien erstellen und auf den Kopien zeichnen.

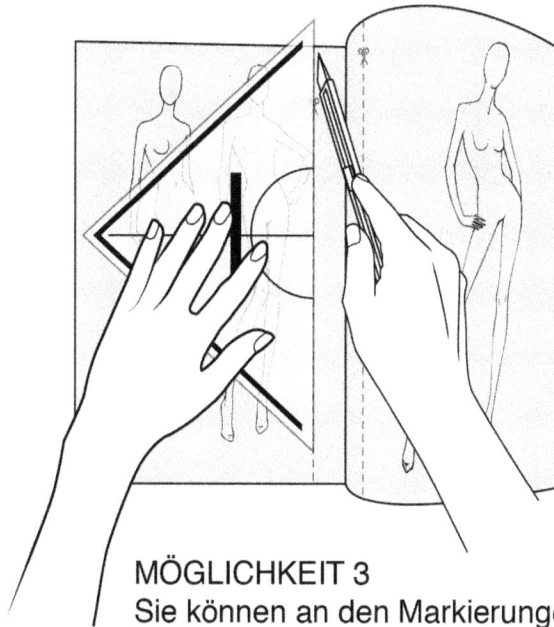

MÖGLICHKEIT 3
Sie können an den Markierungen die Seiten abschneiden und darauf zeichnen.

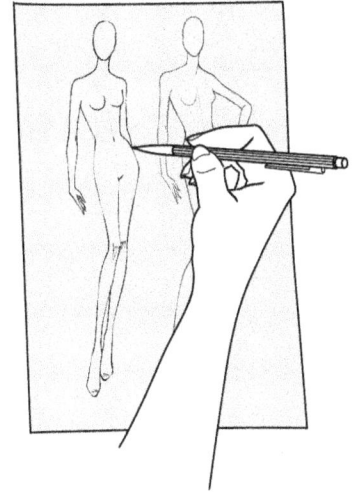

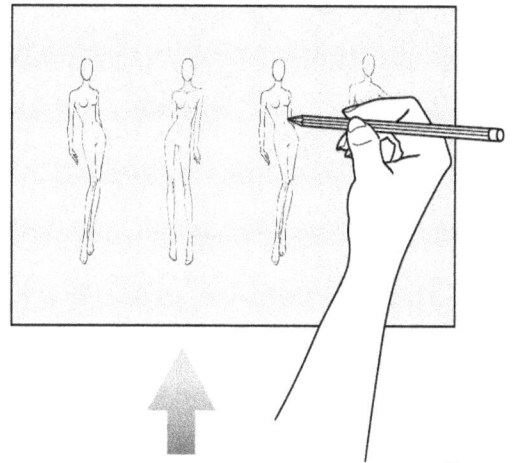

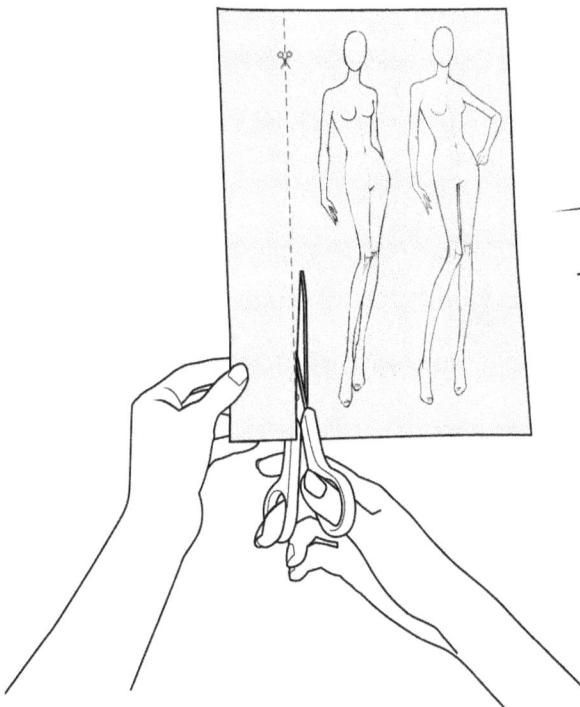

MÖGLICHKEIT 4
Sie können bestimmte Seiten zurechtschneiden, einzelne Figurinen einscannen, dann ausdrucken und darauf zeichnen. Dadurch können Sie eigene Figurinen-Kompositionen zusammenstellen.

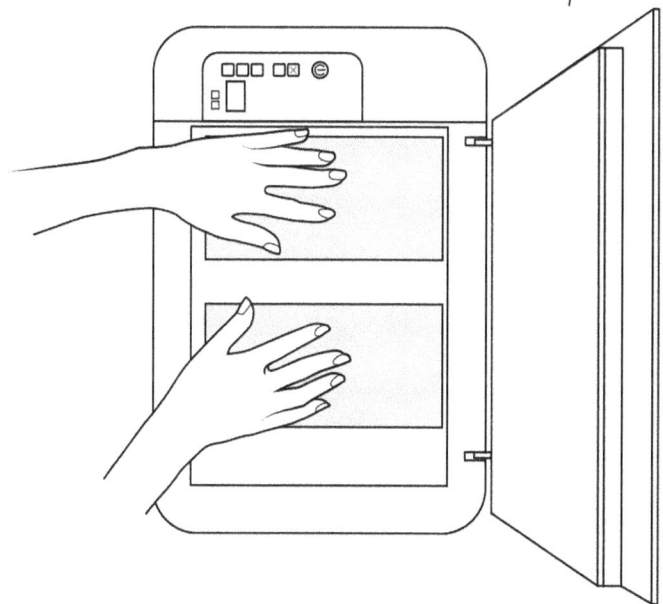

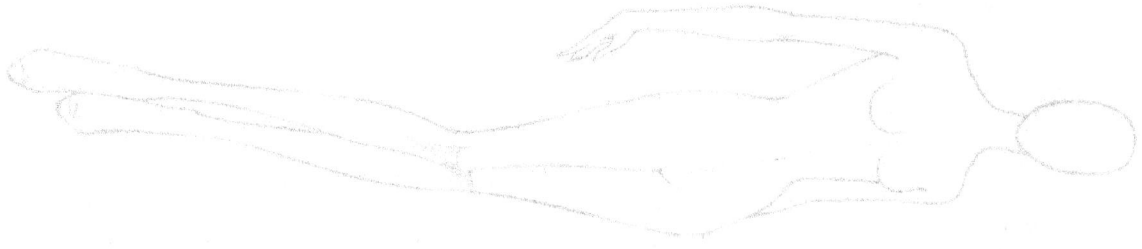

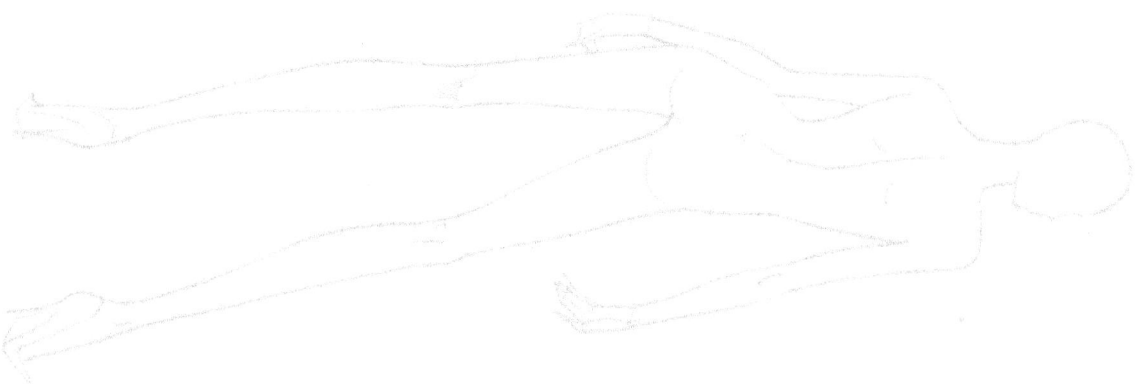

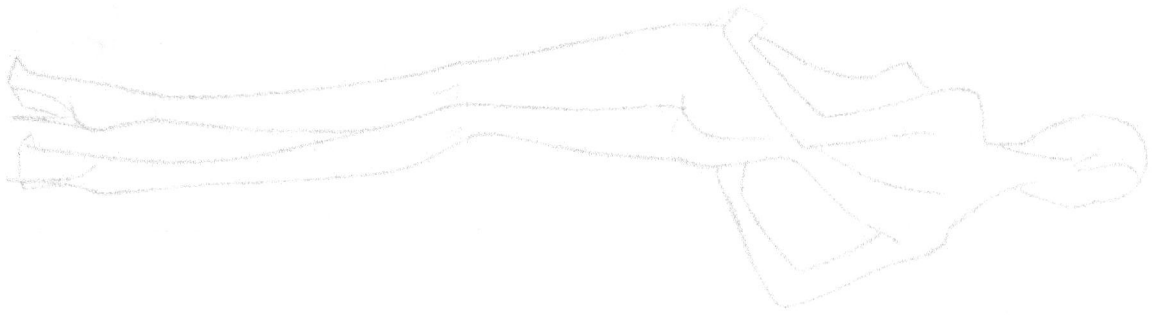

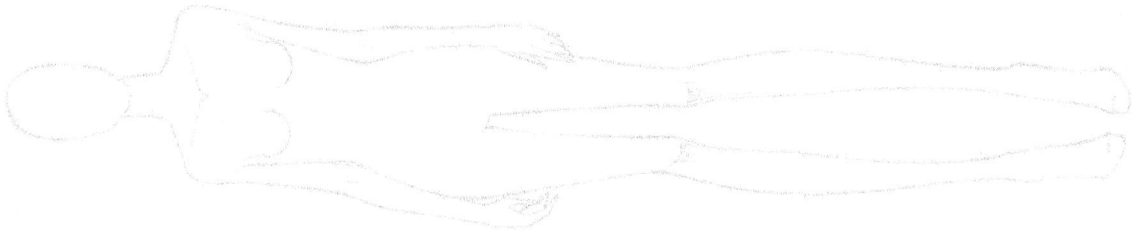

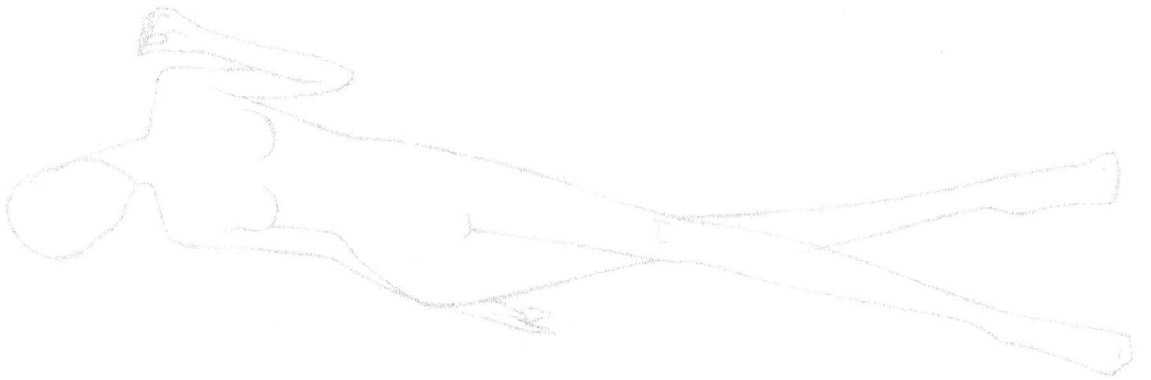

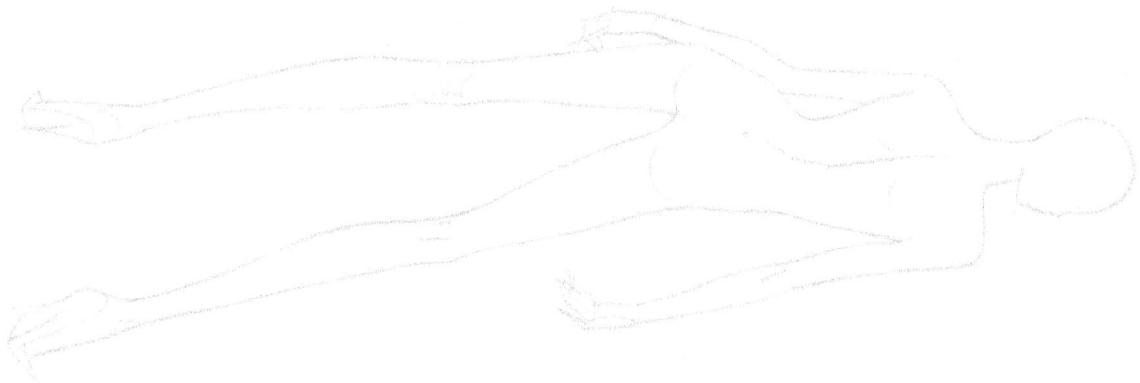

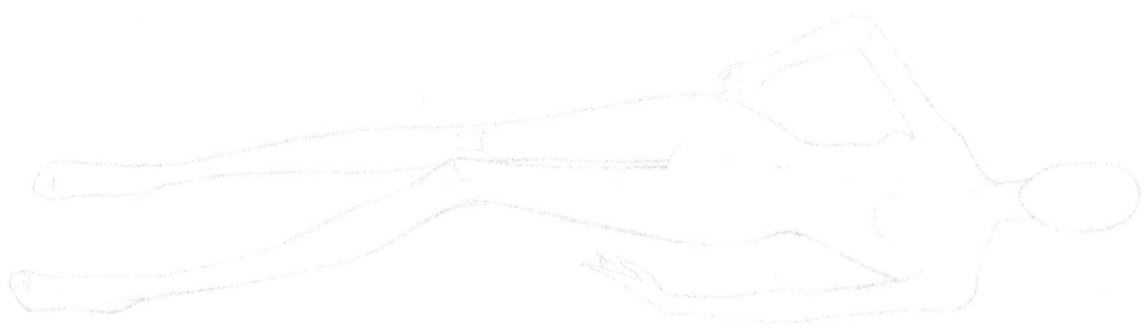

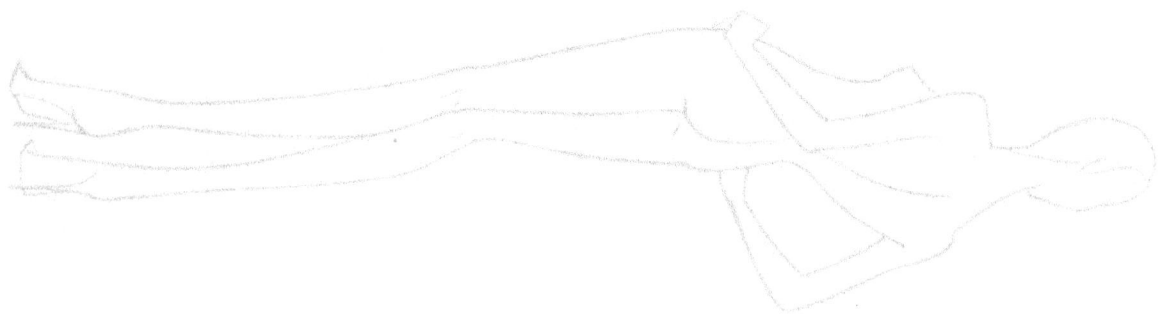

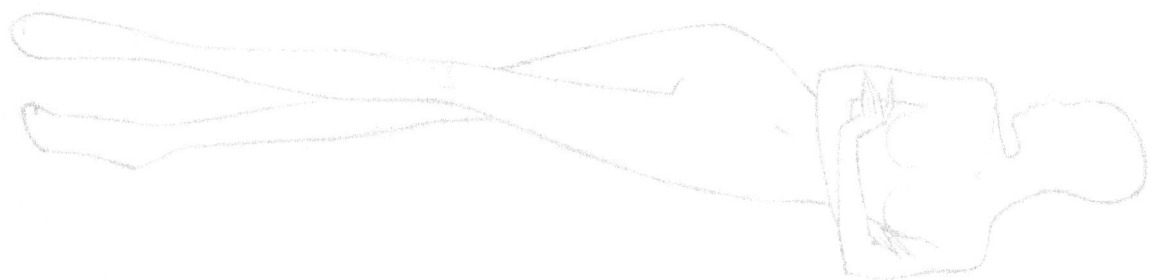

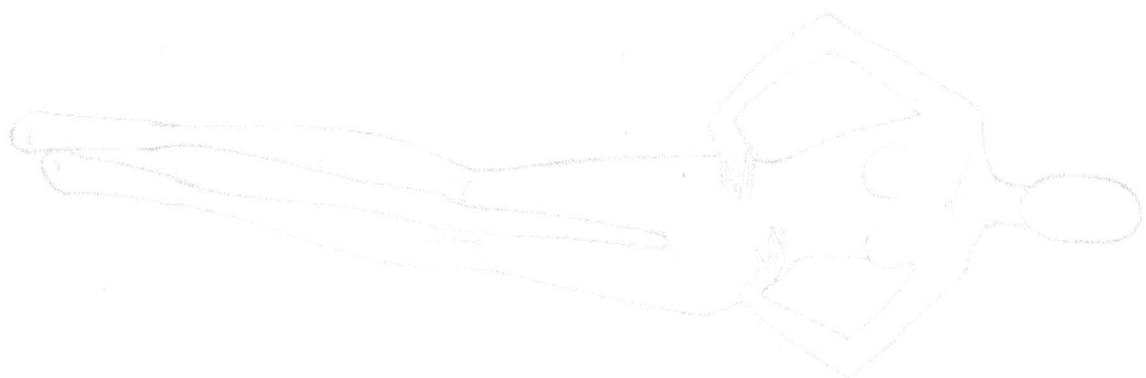

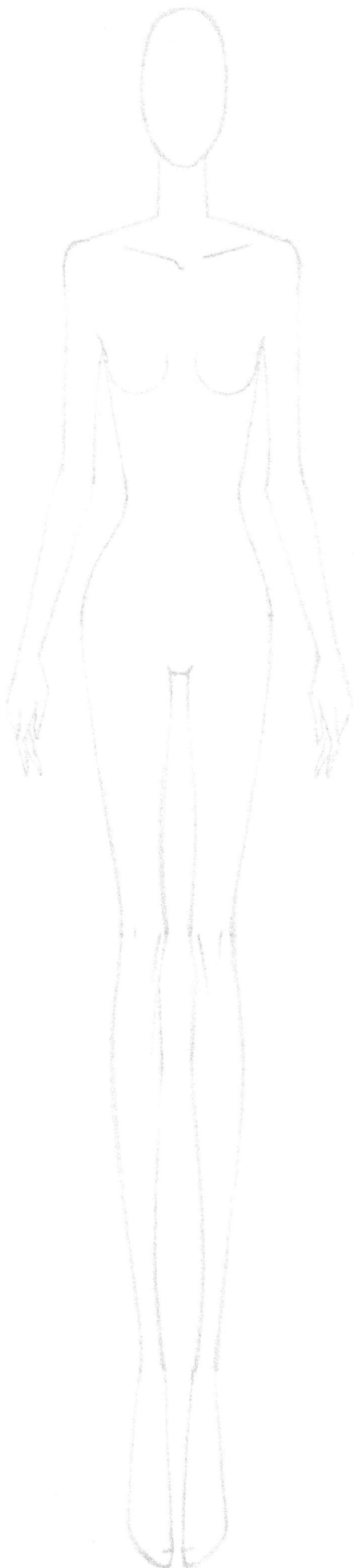

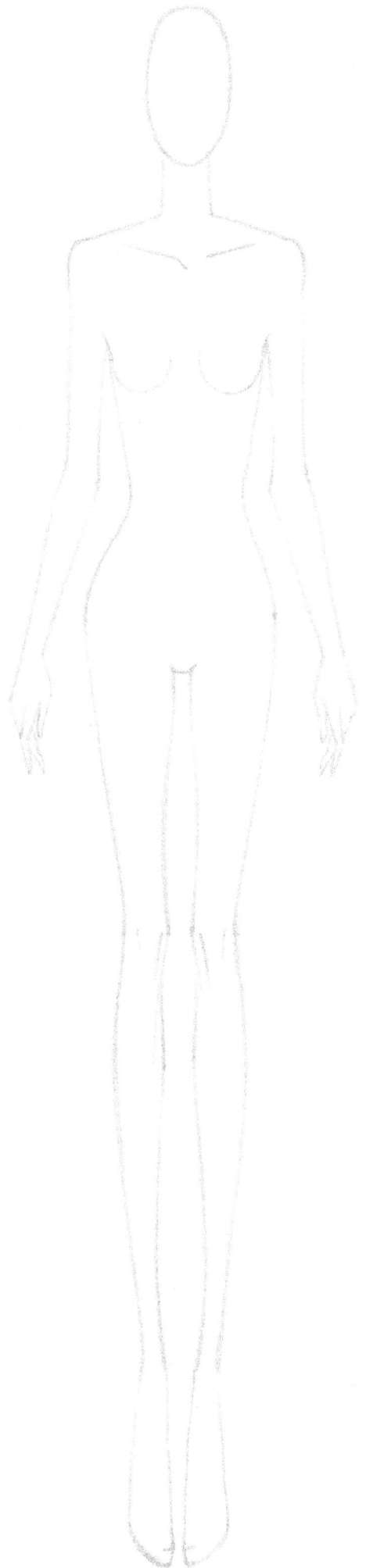

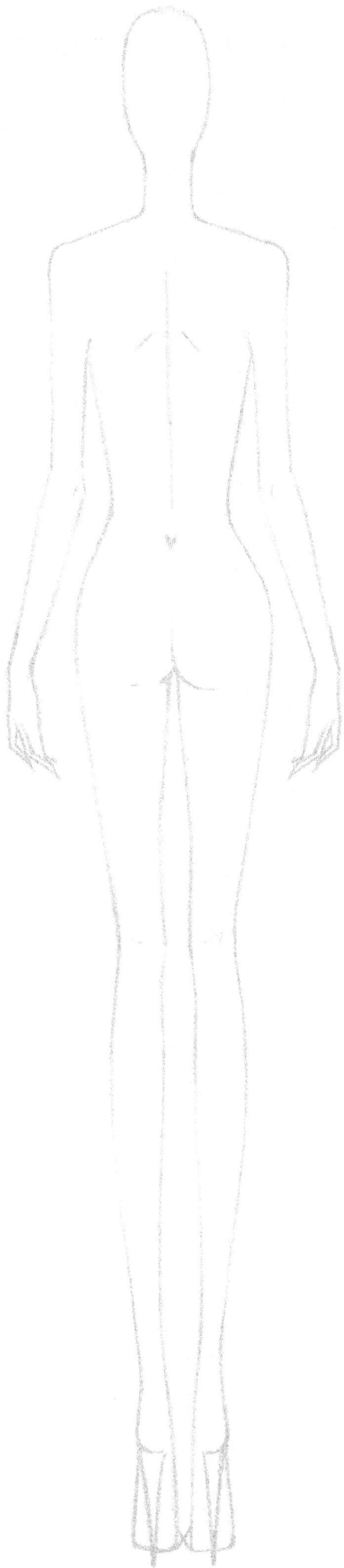

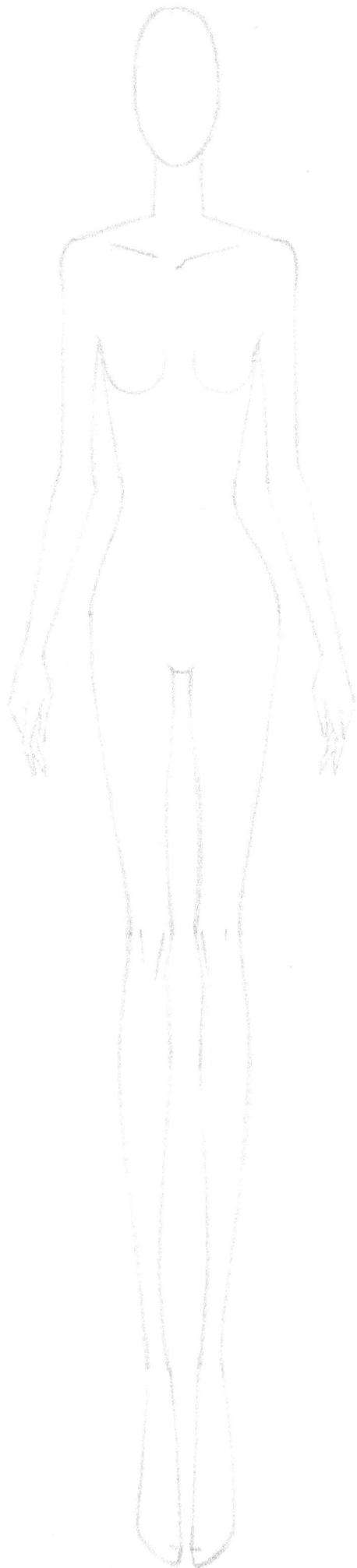

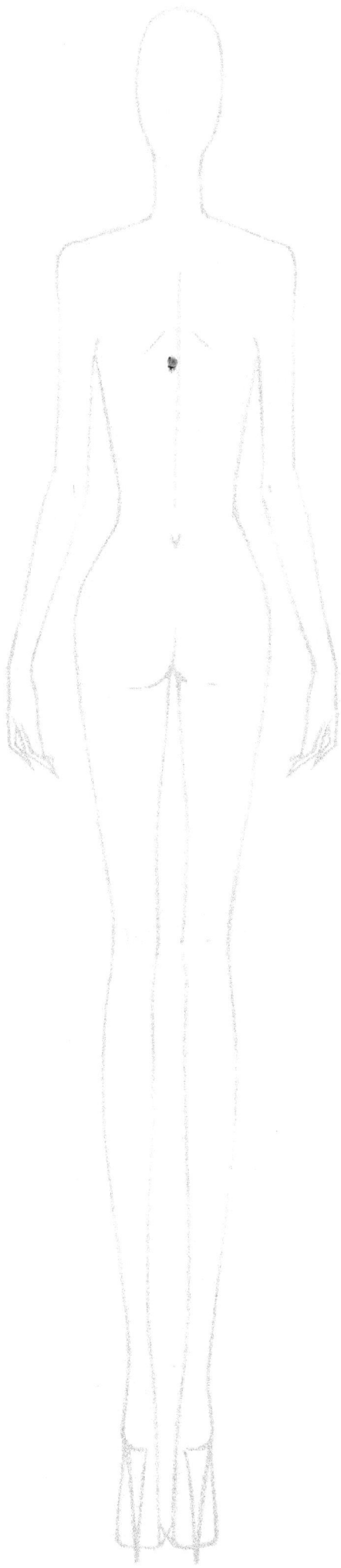

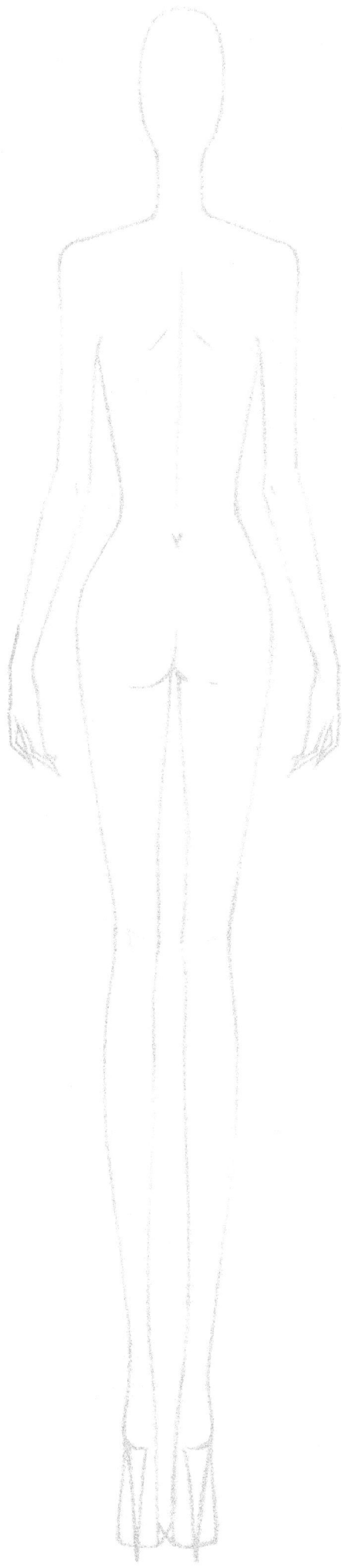

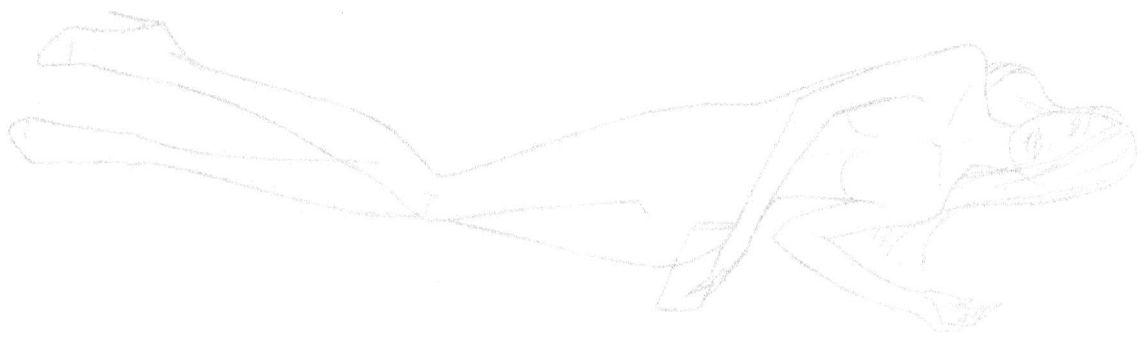

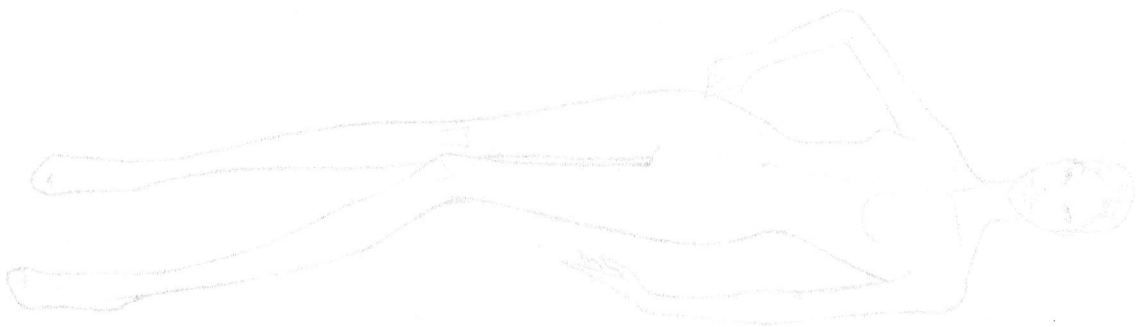

www.ingramcontent.com/pod-product-compliance
Lightning Source LLC
Chambersburg PA
CBHW081229020426
42333CB00018B/2466